SISSI
SEESTERNCHEN

Geschichten von Ingrid Kellner
Mit Bildern von Daniel Napp

Ravensburger Buchverlag

INHALTSVERZEICHNIS

2

3

WIE SISSI SEESTERNCHEN ZU IHREM NAMEN KOMMT

Sissi, die kleine Nixe aus dem Seerosenteich, wacht auf. Es ist noch früh am Morgen. Gerade geht die Sonne auf. Ein kleiner Wind bläst und die Wellen fangen an zu glitzern. Alles ist wie immer, nur die Frösche im Uferschilf quaken laut und aufgeregt. Sissi schwimmt zum Ufer und entdeckt ihre beiden Lieblingsfrösche Fritz und Fanny. „Was ist los mit euch?", fragt Sissi.

„Schlechte Nachrichten", schnarrt Fritz Frosch. „Quak, quak", jammert Fanny Frosch. „Die Störche sind wieder da." Aber die kleine Nixe freut sich. „Ist Sigmund auch dabei?", will sie wissen. Sigmund ist ihr Lieblingsstorch und den Winter über immer in Afrika. Aber er kommt jedes Frühjahr wieder und wohnt im Dorf auf dem Dach des Gasthofs.

„Wo ist Sigmund jetzt?", fragt Sissi.
„Er repariert gerade sein Nest", quakt
Fritz Frosch.
„Die Schwalben haben es gesagt", erklärt
Fanny Frosch. „Hör mal, was für
einen Lärm sie machen."
Die Dorfschwalben zischen
kreischend im Zickzack über
den Teich und jagen Mücken.
„Unsere Schwälbchen im Nest
haben Hunger", schreien sie.
Sissi winkt ihnen zu und ruft:
„Sagt Sigmund Storch einen schönen Gruß
und er soll mich bald besuchen!"
„Bloß nicht!", quaken Fritz und Fanny
Frosch und hopsen aus dem Schilf. Sie
schwimmen schnell zu den Seerosen, die
in der Mitte des Teichs wachsen, und verstecken sich hinter den Blüten. Dort kann
sie kein Storch erwischen.
Die kleine Nixe schaut zum Himmel.
„Wo Sigmund nur bleibt?"
Da segelt er auch schon mit weit ausgebrei-
teten Flügeln heran. Der rote Schnabel
glänzt wie frisch lackiert.

„Hallo, Sigmund!", ruft die kleine Nixe.
„Schön, dass du wieder da bist."
„Gar nicht schön", quakt Fritz Frosch leise.
„Grässlich!", meint Fanny Frosch und
macht sich ganz klein.
Sigmund Storch landet am
Ufer und stakst durch das Schilf.
„Hallo, kleine Nixe!", begrüßt er
Sissi. „Wie geht's, wie steht's?"
„Gut", sagt Sissi. „Wie war's
in Afrika?"
„Fein", sagt Sigmund Storch. „Aber zum
Schluss viel zu heiß. Ich bin froh, dass ich
wieder hier bin."
„Ich auch", sagt Sissi. „Sigmund, sag, hast
du mir was mitgebracht?"
„Klapper-di-klapp, na klar!" Sigmund Storch
holt aus seinem Gefieder ein kleines,
rotes Etwas mit Glitzerpünktchen hervor.
„Oh", haucht Sissi. „Ist das schön." Sie
schnellt aus dem Wasser hoch und umarmt
den Storch. „Danke, danke, lieber Sigmund!"
Dann steckt sie das Ding in ihre
hellgrünen Nixenhaare.

Fritz und Fanny Frosch platzen fast vor Neugierde. Sie wollen wissen, was Sissi bekommen hat und schwimmen vorsichtig näher.

„Es ist ein Zackending", quakt Fritz Frosch.

„Ein Stern", meint Fanny.

„Aber in Rot", mault Fritz Frosch. „Sterne sind doch silbern."

„Richtig", quakt Fanny. „Rot ist echt komisch."

„Papperlapapp!", klappert Sigmund Storch. „Was wisst denn ihr Frösche? Ihr kennt nur euren kleinen Teich. Natürlich gibt es rote Sterne, und zwar im Meer."

„Sterne im Meer?", fragt Sissi. „Genau wie am Himmel?"

„Ja, Sissi Seesternchen", lächelt der Storch. „Es gibt viel Wunderbares in der großen, weiten Unterwasserwelt des Meeres."

„Das Meer", seufzt Sissi. „Erzähl mir vom Meer, Sigmund!"

„Später, Sissi Seesternchen", sagt der Storch. Er stakst weiter durchs Schilf und stochert mit seinem Schnabel nach einem Frühstück. Die kleine Teichnixe hat plötzlich solche Sehnsucht nach dem Meer und der großen, weiten Unterwasserwelt. Missmutig guckt sie über ihren Teich. Alles ist wie immer: links der Wald, das Schilf und die Seerosen, rechts die Wiese und der Badeplatz. Plötzlich fällt es Sissi wieder ein: Wie hat der Storch sie genannt? Sissi Seesternchen.

„Sissi Seesternchen", sagt die kleine Nixe zur Probe. „Sissi Seesternchen", wiederholt sie. „Das klingt gut. He, mit einem solchen Namen kann man nicht in einer Pfütze leben!", ruft sie laut. Aber niemand hört sie. Am Himmel sind Wolken aufgetaucht. Sie schieben sich vor die Sonne und alles wird trist und grau. Wassertropfen klatschen in den Teich, plitsch, platsch, immer mehr, bis es wie aus Kübeln schüttet und der Regen so laut wie tausend Trommeln tönt. Die kleine Nixe taucht unter und schwimmt zu ihrem moorflaumigen Unterwassernest zwischen den Seerosenstängeln. Aber da liegt schon jemand drin.

„Raus, Karlchen!", sagt Sissi. „Raus, du alter Mooskarpfen. Das ist mein Nest, das weißt du ganz genau."

Karlchen, der alte Karpfen, gähnt. „Ich geh ja schon." Er schwimmt träge ein paar Flossenschläge weiter. Karlchen ist uralt. Er lebt im Teich, seit Sissi denken kann. Er ist groß und schwer und auf seinem Rücken wächst Moos.

Sissi Seesternchen kuschelt sich in ihr Nest,

aber sie kann nicht einschlafen. Der Regen dröhnt noch immer. Sie setzt sich auf und sagt zu Karlchen: „Weißt du schon, dass ich Sissi Seesternchen heiße und bald fortschwimme?"

„Sissi Seesternchen", sagt Karlchen. „So, so. Und wohin schwimmst du, wenn man fragen darf?"

„Ins Meer", sagt Sissi Seesternchen. „In die große, weite Unterwasserwelt."

„Bleibe im Teiche und nähre dich redlich", sagt der alte Karpfen und knabbert an den Seerosenstängeln. Da hängen nämlich ein paar leckere Schnecken dran.

„Igitt!", sagt Sissi.

„Weißt du überhaupt, wie man zum Meer kommt?", fragt Karlchen mit vollem Mund.

„Ist doch kinderleicht", lacht Sissi. „Vom Teich in den Bach, von dort zum Fluss, dann in den Strom und der fließt direkt ins Meer."

„Was allein schon im Bach alles passieren kann …", sagt Karlchen.

„Was denn zum Beispiel?", fragt Sissi.

„Die Fischer werden dich fangen", sagt Karlchen düster und schluckt die letzte Schnecke.

„Wie denn?", fragt Sissi ängstlich.

„Mit Haken", antwortet Karlchen. „Sie hängen dir schöne Würmer vor die Nase, kleine, unschuldige Leckerbissen.

Aber wenn du sie schnappst, hängst du am Haken." Der alte Karpfen schaudert. „Der Haken beim Haken ist, dass du ihn nicht sehen kannst, verstehst du? Man spürt ihn erst, wenn man dranhängt. Und es ist nicht so leicht, sich davon wieder loszureißen."

„Das kann mir nicht passieren", sagt Sissi erleichtert. „Ich mag keine Würmer, ob mit oder ohne Haken."

„Na, dann ist's ja gut", sagt Karlchen. Inzwischen hat der Regen nachgelassen und die Sonne schickt goldene Funkelflecken auf den Grund des Teichs hinab.

„Ich glaub, ich schwimm jetzt los", sagt Sissi Seesternchen entschlossen. „Tschüss, Karlchen, mach's gut!"

„Du auch", sagt der alte Karpfen. „Pass auf dich auf!"

„Mach ich", sagt Sissi und gibt ihm einen Abschiedskuss. Dann taucht sie auf und schwimmt zu Sigmund Storch.

„Lass Fritz und Fanny Frosch in Ruhe", sagt sie. „Versprich mir das!"

Sigmund nickt. „Klapper-di-klapp, versprochen! Gute Reise, Sissi Seesternchen!"

SISSI SEESTERNCHEN GEWINNT EINE WETTE UND EIN ENTLEIN

„Pass doch auf!", schreit eine Forelle. Sie ist schlank und kräftig und hat viele rote Pünktchen auf dem Leib.

„Entschuldige!", sagt Sissi Seesternchen. Die kleine Nixe war fröhlich den Bach hinuntergeschwommen und nach einer scharfen Kurve plötzlich auf die Forelle gebumst.

Die Forelle glotzt Sissi Seesternchen an.

„So was wie dich hab ich noch nie gesehen: hinten Fisch und vorne Mädchen. Echt komisch!"

„Ich bin eine Nixe", sagt Sissi würdevoll.

„Und ich heiße Sissi Seesternchen."

„Ich bin Friederun", sagt die Forelle und schwimmt prüfend um die kleine Nixe herum. „Nun, du hast zwar einen Fischschwanz, das ist so weit ganz in Ordnung. Aber keinen Flossenkamm auf dem Rücken, keine hübschen Fächer an den Seiten und am Bauch, nicht mal Kiemen. Kannst du überhaupt richtig schwimmen?"

„Na klar", lacht Sissi. „Wie ein Fisch im Wasser."

Friederun kann es nicht glauben.

„Wir könnten ja ein Wettschwimmen machen", schlägt Sissi vor.

„Einverstanden!", sagt Friederun Forelle. „Aber ich warne dich, ich bin superschnell."

„Ich auch", sagt Sissi. „Pass nur auf!"

Da schwirrt eine Bachstelze herbei und setzt sich auf einen Stein, der aus dem Wasser ragt. „Ich will euer Schiedsrichter sein", zirpt sie und wippt mit ihrem langen Schwänzchen wichtigtuerisch auf und ab. „Jetzt kommt das Kommando: Achtung, fertig, los!"

Sissi zischt den Bach hinunter. Sie schnellt über Steine und taucht wie der Blitz durch tiefe Gumpen. Aber Friederun Forelle ist noch schneller. Ihre roten Punkte sausen an Sissis Augen vorbei.

Bald wird der Bach breiter, jetzt ist er ein

kleiner Fluss, der eilig dahinströmt. Friederun Forelle wird langsamer und Sissi überholt sie.

„Halt!", ruft Friederun. „Hier kenne ich mich nicht aus. Ich will nicht weiter."

Die kleine Bachstelze ist inzwischen auch da. Sie wippt auf einem Uferpfosten und zirpt: „Sissi Seesternchen ist Sieger, die kleine Nixe hat gewonnen!"

„Du kannst wirklich schwimmen", keucht Friederun Forelle. „Aber ich will wieder nach Hause. Hier ist es unheimlich."

Sissi lacht. „Gar nicht wahr!", sagt sie. Am Ufer wachsen Weiden. Ihre schmalen Blätter flirren im Wind. Und auf dem Grund des Flüsschens wogen gefiederte Unterwasserpflanzen auf und ab. Sie kitzeln Sissi Seesternchen sanft am Bauch. „Hier ist es doch wunderwunderschön", kichert die kleine Nixe.

Plötzlich schrillt die Bachstelze: „Ein Hecht! Rette sich, wer kann!"

Wenn Friederun Forelle nicht so wendig wäre, hätte sie der Hecht erwischt. So aber klappt er enttäuscht sein Maul wieder zu, dass die Zähne klacken. „Schade!", sagt er.

„Ja, schade", sagt auch Sissi Seesternchen. „Jetzt habe ich mich gar nicht von Friederun verabschieden können. Sag mal, hättest du sie wirklich gefressen?"

„Fressen oder gefressen werden", meint der Hecht. „So ist nun mal das Leben. Und jetzt fresse ich dich."

„Unsinn!", sagt Sissi und haut dem Hecht auf die spitze Schnauze. „Nixen frisst man nicht."

Das ist dem Hecht in seinem ganzen Leben noch nicht passiert. Völlig verdattert sagt er: „Hast du denn keine Angst vor mir?"

„Nein", sagt Sissi fröhlich.

„Weißt du nicht, dass ich ein fürchterlicher Räuber bin?"

„Das ist mir schnurzpiepegal", lacht Sissi

und schwimmt einfach weiter. Für so einen wie ihn hat die kleine Nixe keine Zeit.

„Hoffentlich hat das niemand mitgekriegt", denkt der Hecht. „Sonst hat kein Fisch im Fluss mehr Angst vor mir."

Aber die Bachstelze hat alles gesehen und erzählt es weiter. Wichtigtuerisch, wie es ihre Art ist, und deshalb glaubt ihr leider niemand.

Inzwischen ist es Abend geworden. Sissi ist müde. Sie sucht sich ein hübsches Schilfgebüsch zum Schlafen. Ganz in der Nähe nisten Enten.

„Ist hier noch ein Platz frei?", fragt die kleine Nixe höflich.

„Nur wenn du meine Eier nicht zerdrückst", sagt eine Ente. Sie ist braun und unscheinbar.

„Wo sind hier Eier?", gähnt Sissi. „Ich sehe keine."

„Ich sitze drauf", sagt die Ente. „Bald ist es so weit."

„Zeig mal!", sagt Sissi, und die Ente steht schwerfällig auf. Acht graugrüne Eier liegen zwischen dürren Schilfstängeln und ein paar verstreuten Daunenfederchen.

Sissi findet das Nest ein bisschen dürftig, aber sie sagt nichts.

„Sind meine Eier nicht wunderschön?", fragt die Ente stolz. „Ich lege jedes Jahr Eier, aber diese hier sind mir besonders gelungen, findest du nicht auch?"

„Ja", sagt Sissi freundlich und dann schaut sie genauer hin. „Aber sie sind kaputt", ruft sie erschrocken. „Bis auf ein Ei haben alle Risse."

„Sie schlüpfen", sagt die Ente zärtlich. „Meine Kleinen kommen zur Welt."

Jetzt ist Sissi gar nicht mehr müde. Gebannt schaut sie zu, wie die Risse größer werden und das erste Entlein seinen winzigen Schnabel durch die Schale bohrt, das Köpfchen heraussteckt und piepst.

„Nur weiter!", quakt die Entenmutter. „Na, mach schon!"

Endlich haben sich alle Entlein aus ihren Schalen befreit. Sieben Entenbabys schlüpfen piepsend unter den Brustflaum ihrer Mutter. Alle, bis auf eines. Ein Ei liegt immer noch da. Es hat nicht mal einen Sprung.

„Ich fürchte, das wird nichts", sagt die Entenmutter. „So was kommt leider immer mal wieder vor."

Aber Sissi mag es nicht glauben. Sie klopft auf die Schale.

„Piep!", macht es, ganz schwach und leise.
„Es lebt", ruft Sissi. „Komm raus, Kleines!"
Sissi will ihm beim Schlüpfen helfen, aber
wie? Wenn sie das Ei einfach aufschlägt,
verletzt sie das Entlein. Da fällt ihr etwas
ein: Sie nimmt den Seestern aus ihrem
Haar und bohrt mit einer Spitze ein
Loch in die graugrüne Schale, groß
genug, dass das Entlein Luft kriegt
und sein Köpfchen durchstecken kann.
„Ach, du liebes bisschen", ruft Sissi
Seesternchen entzückt. „Bist du süß!"
Das Entlein schaut Sissi an und piepst
zaghaft.
„Mach weiter", lacht Sissi. „Du kannst es!"
Tapfer kämpft sich das Liebe Bisschen aus
der Schale und - wackelt zu Sissi Seestern-
chen, und nicht zu seiner Entenmutter.
„Es hat dich adoptiert", quakt die Ente.
„Jetzt bist du seine Mutter."

„Wirklich?", fragt Sissi. „Ist es wirklich
meins?"
„Natürlich", quakt die Ente. „Du warst die
Erste, deren Stimme es gehört hat. Deshalb
denkt das Kleine, du bist seine Mutter.
Ich hab genug mit meinen sieben zu tun.
Du kannst Nummer acht gerne be-
halten."
Sissi Seesternchen legt sich tod-
müde, aber überglücklich neben
das Entennest.
Das Liebe Bisschen kuschelt sich
an ihre Wange. Sissi deckt es mit ihren
Haaren zu.
Aber immer wieder piepst das Kleine.
„Ich bin ja bei dir", sagt Sissi und streichelt
es. So geht das die ganze Nacht. Am anderen Morgen ist das Liebe Bisschen trocken
und ein flaumiges Federbällchen, gelb mit
dunkelbraunen Tupfen.

EIN AUFREGENDER TAG FÜR DAS LIEBE BISSCHEN

Sissi Seesternchen hat jetzt ein Entlein. Es heißt das Liebe Bisschen und ist noch ganz klein. Es schnattert: „Sissi-Mama, mir ist so kalt."

„Ich bin leider keine Ente, sondern eine Nixe", sagt Sissi. „Und ich habe keine Federn, unter die du schlüpfen könntest." Dann lacht sie: „Aber was zum Kuscheln kannst du kriegen." Sie dreht ihre langen grünen Haare zu einem Nest zusammen und steckt es mit dem Seestern fest.

Das Liebe Bisschen hüpft vergnügt auf Sissis Kopf und ruckelt sich in seinem neuen Zuhause zurecht. Dort ist es warm und gemütlich.

Die kleine Nixe hält den Kopf über Wasser, damit ihr Haar nicht nass wird und schwimmt los. Immer weiter den Fluss hinunter. Aber nach einer Weile teilt sich der Fluss in zwei Arme.

„Und jetzt?", überlegt Sissi. „Welche Abzweigung soll ich nehmen?"

„Die da", piepst das Liebe Bisschen. „Dort gefällt es mir."

„Mir auch", sagt Sissi und schwimmt in den linken Flussarm hinein.

Erlen und Weiden begrenzen das Ufer. Darunter wachsen sonnengelbe Sumpfdotterblumen.

„Schau mal!", sagt Sissi.

Ein Reiher hebt ab und schwebt mit grauen Schwingen über das Altwasser.

„Fliegen, Sissi-Mama!", piepst das Liebe Bisschen. „Ich möchte auch fliegen."

„Dann musst du erst groß und stark werden", sagt Sissi. „Ich glaube, wir machen mal Pause, hier gibt es Entengrütze."

„Und Mücken", piepst das Entlein. Es springt aus seinem Nest und jagt im Zickzack den Insekten nach. Dann schlabbert es Wasserlinsen und gründelt nach ein paar winzigen Würmchen. Satt und zufrieden putzt es sein Gefieder. Und zwar auf Sissis Bauch, die sich auf dem Rücken liegend träumend den Flussarm hinuntertreiben lässt.

Aber bald gibt es keine Strömung mehr. Der Altwasserarm ist zu Ende.

„Einbahnstraße", seufzt Sissi.

„Macht doch nichts!", gähnt das Entlein und hält einen Mittagsschlaf in seinem Nixenhaar-Nest, während Sissi zurückschwimmt und in den anderen Flussarm einbiegt. Jetzt geht es schneller. Sissi hört die Steine am Grund des Flusses rollen und nach einer Weile ein fernes Rauschen, das immer näher kommt. „Was ist das?", überlegt sie, aber da stürzt der Fluss schon in die Tiefe und reißt sie mit sich. Das Entlein fällt kopfüber aus seinem Nest und purzelt den Wasserfall hinab.

Sissi lacht. Sie findet es herrlich in der
Gischt, im wilden Wirbeln unter Wasser.
Sie schießt hinauf und wieder hinunter,
auf und ab. „Juhu!", schreit sie vergnügt.
„Liebes Bisschen, ist es nicht toll? – He,
wo bist du?"
Der Sog des Wasserfalls hält das Entlein
unten. Das Liebe Bisschen kämpft um sein
Leben. Es hat schon keine Luft mehr.
„Ach, du liebes bisschen!", schreit Sissi und
taucht. Jetzt geht es um Sekunden. Da, dort
treibt ein gelbbraunes Etwas im tosenden
Strudel. Sissi packt es und schwimmt mit
ihm hinauf zur rettenden Luft.
Das Entlein hustet und spuckt Wasser, aber
es lebt. „Quak", macht das Liebe Bisschen
erschöpft.
„Hoho", lacht jemand. „Das ist gerade noch
mal gut gegangen."
Sissi Seesternchen dreht sich um und sieht
einen Jungen am Ufer sitzen. Er hat einen
Kranz aus Weidenblättern auf dem Kopf.

Zwischen seinen Fingern
und Zehen schimmern helle
Schwimmhäute.
„Wer bist denn du?", fragt Sissi.
„Ich bin Willi Wassermann",
lächelt der Junge und zeigt seine
grünen Zähne. „Und du?"
„Ich bin Sissi Seesternchen", sagt die
kleine Nixe. „Ich bin auf dem Weg
zum Meer."
„Das Meer ist noch weit", sagt Willi
Wassermann. „Und viel zu gefährlich."
„Woher weißt du das?", fragt Sissi. „Warst
du schon mal dort?"
Willi Wassermann windet sich. „Nicht
direkt", sagt er. „Aber ich weiß es einfach."
„Du willst mir ja nur Angst machen",
lacht Sissi Seesternchen.
„Gar nicht wahr", sagt Willi. „Hör mal,
Sissi, willst du nicht bei mir bleiben? Dann
könnten wir immer zusammen spielen."
„Hast du denn sonst niemanden zum
Spielen?", fragt Sissi verwundert.
Willi Wassermann schüttelt den Kopf.
„Nein, ich bin ganz allein", sagt er traurig.
Ein paar Tränen rollen ihm die dicken
Wangen herunter.
Da bekommt Sissi Mitleid mit dem Wasser-
jungen. „Na, gut", sagt sie. „Ein bisschen
bleib ich da und spiel mit dir."
Jetzt lacht Willi Wassermann wieder.
„Hoho!" Dann fällt ihm etwas ein: „Ich
will dir was zeigen, was ganz Schönes."
„Was denn?", fragt Sissi.
„Sag ich nicht", grinst Willi. „Warte, ich bin
gleich wieder da."

Der Wasserjunge gleitet vom Ufer, schwimmt in die Flussmitte und taucht. „Quak", macht das Liebe Bisschen. „Der ist aber komisch. Trau ihm nicht, Sissi-Mama!"

„Hm", sagt Sissi. „Vielleicht hast du Recht. Schau, da kommt er wieder."

Der Wasserjunge taucht mit einer Muschelkette auf und hält sie hoch in die Sonne. Ihre Perlmutterschalen schimmern im Regenbogenglanz. „Na, wie gefällt dir das?", fragt Willi Wassermann.

„Wunderwunderschön", haucht Sissi.

„Die schenke ich dir", sagt Willi Wassermann. „Aber nur, wenn du versprichst, dass du immer bei mir bleibst."

Bevor Sissi Seesternchen Ja oder Nein sagen kann, hat ihr Willi Wassermann die Kette umgehängt. Sie ist schwer und zieht die kleine Nixe sofort unter Wasser. Deshalb sieht sie nicht, wie plötzlich ein Fischotter auf der Uferböschung erscheint. Willi zwinkert ihm zu. Der Otter gleitet ins Wasser, taucht und schießt wie ein brauner Blitz auf Sissis Entlein zu und schnappt nach seinen Füßen.

„Hilfe, Sissi-Mama!", schreit das Liebe Bisschen. „Quak, quak, Hilfe!"

Sissi Seesternchen hat es gehört.

„Loslassen!", brüllt sie den frechen Fischotter an und jagt ihm das Liebe Bisschen wieder ab.

Willi Wassermann kringelt sich vor Lachen. „Hohoho!"

„Findest du das lustig?", fragt Sissi Seesternchen empört.

„War doch nur Spaß", meint der Wasserjunge. „Das ist Otti, mein Fischotter. Er wollte doch nur spielen."

„Du und dein Otti, ihr habt aber komische Spiele", sagt Sissi. „Und so allein wie du gesagt hast, bist du ja gar nicht, du Schwindler. Weißt du was? Ich schwimm jetzt weiter."

„Bleib doch!", bettelt Willi. „Bitte, bitte!" Wieder rollen seine Tränen.

„Nein", sagt Sissi Seesternchen bestimmt. „Und da hast du deine Kette wieder." Sie streift sich die schweren Perlmuttermuscheln ab und wirft sie dem Wasserjungen zu.

Willi lässt sie achtlos im Fluss versinken. „Du wirst schon sehen, was dir im Meer passiert", schreit er Sissi zornig nach.

Die kleine Nixe schwimmt davon. „Ruh dich aus", sagt sie zu ihrem Entlein. „Du hast heute einen aufregenden Tag gehabt."

„Quak", nickt das Liebe Bisschen, klettert in sein Nixenhaarnest und schläft ein. Bald wird der Fluss zum Strom. Breit und kräftig fließt er dahin und trägt die kleine Nixe ruhig und sicher weiter.

15

DAS MEER, ENDLICH!

Sissi Seesternchens Reise den Strom hinunter dauert lange, ganz lange. Aber eines Tages spürt die kleine Nixe das Meer, noch bevor sie und ihr Entlein dort sind.

„Das Meer!", ruft Sissi. „Ich rieche das Meer."

„Ich schmecke es", schnattert das Liebe Bisschen. „Das Wasser schmeckt salzig, bäh!"

„Ist doch gut", sagte Sissi Seesternchen.

„Für Nixen vielleicht", quakt das Liebe Bisschen. „Aber nicht für eine Ente wie mich."

Das Liebe Bisschen ist inzwischen groß geworden. Es ist ein hübscher Enterich mit einem smaragdgrünen Kopf und einem weißen Halsband. An seinem Schwänzchen ringeln sich ein paar Federn und auf den Flügeln glänzen tintenblaue Streifen.

„Ach, du liebes bisschen!", sagt die kleine Nixe. „Der Name passt gar nicht mehr zu dir. Wie willst du denn jetzt heißen?"

„Erich", quakt er. „Erich Erpel."

„Klingt gut", lacht die kleine Nixe.

„Ab jetzt werde ich dich Erich nennen."

Der Strom ist inzwischen so breit, dass man kaum von einem Ufer zum anderen sehen kann. In seiner Mitte liegen kleine, schilfbewachsene Inseln. Von dort fliegt gerade ein Schwarm Enten auf und kreuzt den Strom.

Erich kann nicht widerstehen. „Ich dreh mal kurz eine Runde mit", ruft er, reckt sich, schlägt mit den Flügeln und läuft ein paar Schritte auf dem Wasser, bevor er sich in die Luft schwingt.

Sissi Seesternchen klatscht vor Freude in die Hände. „Bravo!", ruft sie. „Du kannst ja fliegen, Erich. Du bist schon richtig erwachsen."

„Quak, quak", hört sie ihn von weit oben rufen. Dann ist Erich verschwunden.

Erst am Abend kommt er wieder und erzählt aufgeregt von seiner neuen Freundin: „Sie ist ja so süß", schnattert er. „Sie hat hübsche, graubraune Federchen und heißt Erika."

„Das passt gut", sagt Sissi Seesternchen. „Erich und Erika."

„Quak", sagt Erich. „Und stell dir vor: Ich habe mich mit Erika verlobt. Ich möchte immer bei ihr bleiben. Wir wollen heiraten und viele kleine Entlein kriegen."

„Dann müssen wir Abschied voneinander nehmen", sagt Sissi mit schwerem Herzen. „Du weißt ja, ich will zum Meer."

„Kannst du nicht hier bleiben?", bettelt

Erich. „Hier im Delta ist es doch auch
schön."
„Delta?", fragt Sissi Seesternchen.
„Nennt man die Gegend so?"
„Ja", schnattert Erich. „Erika hat es mir
gesagt. Wenn ein Strom ins Meer
fließt, nennt man die Mündung
ein Delta." Dann lässt er traurig
die Flügel hängen. „Sissi-Mama,
du warst so gut zu mir.
Ach, ich will ja gar
nicht fort von dir."
Da quakt es leise in
der Nähe.
„Erika!", ruft Erich.
„Hier bin ich."
Eine kleine, graubraune
Ente kommt näher.
„Bist du Erichs Nixe?", fragt sie Sissi Seesternchen.
„Ja, die bin ich", lächelt Sissi. „Und ich wünsche euch viel
Glück und ein schönes Leben im Delta." Sie streichelt Erich
ein letztes Mal und Erich gibt Sissi einen lieben Entenkuss.
Dann taucht die kleine Nixe unter und taucht erst wieder
auf, als sie am Meer ist.
Der Wind weht warm und salzig, der Strand ist weiß
und das Wasser glitzert blau.
„Endlich!", ruft Sissi Seesternchen. Aber sie kann
sich nicht richtig freuen, weil sie ohne ihren
Erich sein muss. „Wenn er nur die vielen
Muscheln im feinen Sand sehen
könnte", seufzt die kleine Nixe.
„Wir könnten eine Burg
bauen und …"

Da kommt plötzlich eine große Welle und schlägt laut donnernd über Sissi Seesternchen zusammen. „He!", prustet sie. „Was soll denn das?"

Bei der nächsten Welle passt die kleine Nixe besser auf. Sie taucht unten durch und dann schnellt sie wieder oben drüber. Sie surft sogar: Sissi gleitet an den Wellenbergen entlang, bis sie krachend zusammenstürzen. Die kleine Nixe lacht und kann gar nicht genug kriegen. Erst als sie müde wird, schwimmt sie weiter hinaus, dort wo das Meer türkis schimmert, und lässt sich von den Wellen wiegen. Auf und ab, auf und ab. Sissi schläft ein und merkt gar nicht, wie sie die Wellen zurück ans Ufer tragen. Aber nicht an den Sandstrand, sondern in eine kleine, felsige Bucht.

„Schau mal, wer da auf dem Wasser schaukelt", sagt Kribbe.

„Das ist doch eine Nixe", sagt Krabbe.

„Die gehört jetzt uns", sagt Kribbe.

„Genau", sagt Krabbe.

Kribbe und Krabbe sind Freunde, die besten Unterwasser-Krabbenkumpel, die es gibt. Sie sind immer gut drauf und stellen gerne was an.

„Wollen wir die Nixe mal zwicken?", kichert Kribbe.

„Au ja", lacht Krabbe.

„Autsch!", schreit Sissi Seesternchen und sieht an ihrer Schwanzflosse zwei Krabben hängen, die sich mit ihren Greifzangen festhalten. Die beiden sind gepanzert und schauen aus wie zwei kleine Ritter in ihren Rüstungen.

„Hallo, ihr beiden", lacht Sissi. „Würdet ihr mich bitte wieder loslassen?"

„Nein", sagt Kribbe. „Wir haben dich gefangen."

„Ja", sagt Krabbe. „Du musst jetzt bei uns bleiben."

„Das tu ich gerne", sagt Sissi.

„Prima!", freuen sich Kribbe und Krabbe. „Sollen wir dir unser Riff zeigen?"

„Was ist ein Riff?", fragt Sissi. „Ich komme nämlich aus einem Teich, und dann bin ich durch den Bach zum Fluss und vom Fluss in den Strom geschwommen. Aber im Meer bin ich gerade erst angekommen."

„Also", sagt Kribbe. „Ein Riff ist ein Felsen und da wächst viel Zeug drauf."

„Ach was", sagt Krabbe. „Komm mit, dann siehst du es selbst!"

Die beiden schwimmen mit heftigen Stößen ein bisschen tiefer, Sissi Seesternchen hinterher. „Oh", haucht sie überrascht. „Nie hätte ich gedacht, dass es im Meer so wunderbar ist."

Da wedeln Meeres-Anemonen mit lilafarbenen Fühlern, fluten Seelilien ihre langen Arme, huschen klitzekleine Fischchen, bunt wie Edelsteine, durch Korallenfächer. Dicke, weiße Knollen kleben am Riff, und goldrote Pilze wachsen überall. Über eine Terrasse, auf der rot gerüschter Unterwassersalat wächst, schwebt eine Qualle, durchsichtig und schön wie ein Wunder.

„Fass sie nicht an!", ruft Kribbe.

„Sonst verbrennst du dir die Finger", erklärt Krabbe.

„Danke“, sagt Sissi. Dann entdeckt sie einen purpurnen Seestern. „Oh, ist der schön“, sagt Sissi.

„Aber nicht so schön …“, sagt Kribbe

„… wie der, den du im Haar trägst“, sagt Krabbe.

Da freut sich die kleine Nixe. „Ich heiße auch so“, sagt sie, „Sissi Seesternchen.“

„Und wir sind Kribbe und Krabbe“, sagen die Unterwasser-Krabbenkumpel.

Da hüpft ein Wasserfloh vorbei. „He, habt ihr schon das Neueste gehört?“, ruft er.

„Noch nicht“, sagt Kribbe.

„Aber du wirst es uns gleich erzählen“, sagt Krabbe.

„Stimmt“, kichert der Floh. „Also, ganz am Ende der Korallenallee ist ein neuer Mieter eingezogen.“

„Wer ist es denn?“, fragt Kribbe, aber der Wasserfloh ist schon weitergehüpft.

„Na, dann wollen wir mal …“, sagt Kribbe.

„… den neuen Mieter besuchen“, sagt Krabbe.

„Darf ich mitkommen?“, fragt die kleine Nixe.

„Aber immer“, sagen Kribbe und Krabbe. „Du gehörst doch jetzt zu uns.“

Das letzte Haus in der Korallenallee ist ein großes rosa Schneckenhaus. Obendrauf wächst eine Seegurke, sie schaut aus wie ein Kamin. In dem kleinen Vorgarten hat jemand das Unterwasser-Unkraut gejätet. Ein sauberer Sandweg führt zum Schneckenhaus.

„Hallo, ist da jemand?“, ruft Kribbe, und Krabbe klopft energisch an die Schale.

Bedächtig schiebt sich eine große Scheren-zange aus dem Eingang, dann eine kleinere. Es folgen lange, nervöse Fühler und ein griesgrämiges Gesicht. „Kann man denn hier nicht seine Ruhe haben?“, schimpft der Griesgram. „Es hat geheißen: stille, absolut ruhige Wohngegend. Dauernd kommen Leute vorbei. Oder ist einer von euch viel-leicht der Postbote?“

„Leider nein“, sagt Kribbe.

„Wir wollten dich nur begrüßen“, meint Krabbe.

„Hallo!“, sagt Sissi Seesternchen. „Ich bin auch neu.“

„Ich bin gar nicht neu“, sagt das Wesen. „Aber ich habe ein neues Haus gebraucht. Aus dem alten bin ich rausgewachsen. So, und jetzt lasst mich in Ruhe.“

„Nein“, sagt Kribbe.

„Zuerst musst du uns sagen, wer du bist“, sagt Krabbe.

„Bitte!“, sagt Sissi Seesternchen.

Da lächelt der Griesgram: „Ich bin ein Einsiedlerkrebs. Aber mit dem Einsiedeln wird es wohl nichts rechtes werden.“

„Ein Krebs“, ruft Kribbe. „Dann bist du mit uns verwandt.“

„Alle Krebse haben zehn Beine“, sagt Krabbe. „Wir auch.“

„Hast du zehn?“, fragt Sissi. „Zähl doch mal nach, bitte!“

„Unsinn“, brummt der Einsiedlerkrebs. „Ich kenne jedes meiner Beine. Es sind zehn.“

„Wahrscheinlich bist du unser Onkel“, überlegt Kribbe.

„Na, wenn schon, dann Tante", lächelt
der Einsiedlerkrebs.
„Juhu, eine Tante", lacht Kribbe.
„Eine Tante wollten wir schon immer
haben", freut sich Krabbe.
„Na, gut", sagt Tante Einsiedel und
ergibt sich in ihr Schicksal. „Dann
habe ich nicht nur ein neues Haus,
sondern auch zwei neue Neffen.
Und du, kleine Nixe", fragt sie
weiter, „hast du auch schon ein Haus?"
„Nein", sagt Sissi Seesternchen. Brauche
ich denn eines?"
„Irgendwo musst du ja wohnen",
sagt Kribbe.
„Und zu Hause sein", nickt Krabbe.
„Wir werden eines für dich finden."
„Ganz bestimmt", sagt Kribbe.
„Bis bald, Tante Einsiedel."
Sissi Seesternchen winkt, während
sie mit ihren Krabbenfreunden
wegschwimmt.
Tante Einsiedel zieht sich in
ihr Schneckenhaus zurück.
Nur die Fühler schauen noch
eine Weile heraus.

ABENTEUER MIT SIGGI SEETEUFEL

Die kleine Nixe Sissi Seesternchen ist seit ein paar Tagen im Meer, dort, wo es warm ist und die Wellen leise plätschern.
Sie hat auch schon Freunde: Kribbe und Krabbe, die besten Krabbenkumpel der Unterwasserwelt. Die beiden haben inzwischen eine Wohnung für Sissi gefunden: Es ist eine Grotte am Rande einer klitzekleinen Koralleninsel. Innen drin gibt es eine Schlafmulde im feinen Sand, darüber schwebt ein Baldachin aus Fächerkorallen.

Korallenbäumchen mit Blütensternen wachsen an den Wänden.
Vor der Grotte ragt ein Felsen aus dem Wasser. Er ist von den Wellen glatt gespült und ein wunderbarer Sitzstein für die kleine Nixe.
Da schwimmen plötzlich Kribbe und Krabbe vorbei.
„Hallo, Sissi Seesternchen!", sagt Kribbe.
„Wir haben jemanden mitgebracht", sagt Krabbe.
„Es ist Sascha Sägefisch", sagt Kribbe.

„Er soll dir die Bretter aus dem Treibholz zurechtsägen", meint Krabbe.

„Morg'n!", sagt Sascha Sägefisch. Er ist ein guter Handwerker, redet nicht viel und trägt seine Säge immer bei sich. Gleich fängt er an.

„Prima!", freut sich Sissi Seesternchen. „Jetzt wird das Unterwasser-Regal für meine Muschelsammlung endlich fertig."

Die Muscheln sind natürlich noch lebendig und fühlen sich in Sissis Grotte sehr wohl. Sie spüren jede Bewegung im Wasser.

„Da schwimmt jemand herein, Sissi Seesternchen!", rufen sie. „Es ist so ein frecher Papageienfisch."

Der bunte Kerl knabbert mit seinem harten Schnabel an einem Korallenzweig.

„Lass das!", sagt Sissi. „Mach ihn nicht kaputt."

„Husch, husch!", scheucht Kribbe den Eindringling fort.

Sascha Sägefisch ist fertig und verabschiedet sich.

Sissi Seesternchen ordnet die Muscheln in das neue Regal ein. „Und was machen wir jetzt?", fragt sie, als sie fertig ist.

„Komm!", sagt Kribbe.

„Wir schwimmen ein bisschen spazieren", sagt Krabbe.

„Gute Idee", meint die kleine Nixe.

Auf dem Meeresgrund huschen Sonnenflecken über den Sand. Tangbüschel wiegen sich sanft und eine Herde Seepferdchen schwebt vorbei.

„Sind die süß!", ruft Sissi Seesternchen.

„Schaut mal, sie haben durchsichtige, kleine Flügel."

„Wir könnten eine Runde reiten", schlägt Kribbe vor.

„Ja", lacht Krabbe. „Aber passt auf! Sie sind recht bockig."

Sissi Seesternchen streichelt die lange Nase

eines Seepferdchens und fragt: „Darf ich auf dir reiten?"

Das Seepferdchen nickt. Sissi steigt auf, aber sie wird gleich wieder abgeworfen. Kribbe und Krabbe können sich ein bisschen länger halten, aber dann plumpsen auch sie lachend in den Sand.

Die drei schwimmen weiter und nach einer Weile sieht Sissi Seesternchen ein kleines rosa Teilchen über einem flachen Sandhügel schweben.

„Mhm", macht Kribbe.

„Lecker!", ruft Krabbe. Er ist schneller als Kribbe und schnappt sich das Häppchen.

Und da passiert es: Der flache Hügel bewegt sich, zerstiebt zu einer grauen Sandwolke, aus der ein riesiges Maul auftaucht. Es öffnet sich, und ein Wasserschwall zieht den armen Krabbe gnadenlos zwischen die spitzen, scharfen Zähne.

„Krabbe!", schreit Sissi Seesternchen entsetzt.

„Hilfe!", gurgelt Krabbe.

Aber Kribbe hat das Monster schon bei der Schwanzflosse gepackt und zwickt mit aller Kraft zu.

„Aua!", brüllt das breite Maul und spuckt Krabbe wieder aus.

„Siggi Seeteufel, du bist es", ruft Kribbe.

„Du hinterhältiger Kerl!", keucht Krabbe.

Siggi Seeteufel ist ein ziemlich platter junger Fisch mit einem viel zu großen Kopf. Statt Seitenflossen hat er Kriechfüße. Hinter seinen Glubschaugen wächst ein Stiel hervor, fast wie eine Angelrute. An ihrem oberen Ende schwebt ein kleines, rosa Teil. Es sieht wie ein leckerer Muschel-Burger aus.

Siggi Seeteufel grinst: „Ich wollte euch nur mal meine neue Angel zeigen."

„Billiger Trick!", schimpft Kribbe.

„Aber ihr seid drauf reingefallen", kichert Siggi vergnügt.

„Schäm dich!", sagt Sissi Seesternchen.

„Das hätte böse enden können."

Der kleine Seeteufel wird tatsächlich ein bisschen rot.

Krabbe hat sich von seinem Schreck schon wieder erholt und sagt zu Siggi Seeteufel: „Lass mich mal deine Angel ausprobieren!"

„Nein", meint Siggi. „Meine Angel leihe ich nicht her."

„Ist ja auch total blöd, deine Angel", sagt Kribbe.

„Voll abgelutscht", sagt Krabbe. „Kommt, wir schwimmen weiter."

„Wohin?", fragt der kleine Seeteufel.

„Geht dich nichts an", lacht Kribbe.

Zornig trampelt Siggi Seeteufel mit seinen dicken Kriechflossen auf den Sand. „Ihr seid gemein", brüllt er. „Nie lasst ihr mich mitmachen!"

„Ist das wahr?", fragt Sissi Seesternchen.

Kribbe und Krabbe werden jetzt auch ein bisschen rot.

„Er ist so platt und plump", sagt Kribbe.

„Und potthässlich", meint Krabbe. „Mit so einem kann man doch nicht spielen."

Siggi hat Tränen in den Augen.

Da bekommt Sissi Seesternchen Mitleid mit dem armen Seeteufel.

„Niemand mag mich", schluchzt Siggi. „Keiner will mit mir spielen."

„Weil du dich immer versteckst", sagt Kribbe.

„Und anderen Leuten auflauerst", meint Krabbe.

Siggi Seeteufel heult laut und kriecht weg.

„Bleib doch da!", ruft Sissi Seesternchen. „Wir wollen alle miteinander spielen."

„Was denn?", fragt Kribbe.

„Verstecken", schlägt Sissi vor.

„Und ich darf mitspielen?", schnieft Siggi Seeteufel. Er kann es gar nicht glauben.

Niemand kann sich so gut im Sand verstecken wie der kleine Seeteufel. Aber die anderen finden ihn immer ganz schnell, weil seine Angel hervorschaut.

Als sie genug gespielt haben, lädt Sissi Seesternchen alle in ihre Grotte ein.

„Und ich darf auch mit?", fragt Siggi. „Echt?"

„Na, klar", lacht Sissi Seesternchen. „Du bist doch eigentlich ganz nett."

„Stimmt", nickt Kribbe.

„Geht so", meint Krabbe. Er kann es Siggi Seeteufel nicht so schnell verzeihen, dass er ihn fast verschluckt hätte.

Als die vier vor Sissi Seesternchens Grotte

ankommen, flitzt gerade der Papageien-fisch davon.

„Was hat denn der hier zu suchen?", fragt Sissi.

„Er ist zurückgekommen", rufen die Muscheln vom Regal. „Und hat alles kaputtgemacht."

So eine Bescherung! Der Baldachin über Sissis Bett hat große Löcher, und den Korallenbäumchen an den Wänden fehlen Äste und Blütensterne.

„Gemein!", schimpft Sissi. „Wenn ich zu Hause geblieben wäre, wäre das nicht passiert."

„Jemand muss immer hier sein", überlegt Kribbe.

„Und auf Sissis Grotte aufpassen", meint Krabbe.

„Das mache ich gerne", sagt Siggi Seeteufel. „Wenn du so jemanden wie mich überhaupt haben willst, Sissi."

Sissi Seesternchen lacht. „Du kannst bei mir bleiben, Siggi!", sagt sie und gibt dem kleinen Seeteufel einen Kuss auf seinen großen Kopf.

Siggi Seeteufel wird von oben bis unten rot. Einen Kuss hat er noch nie gekriegt. Überglücklich versteckt er sich sofort im Sandboden von Sissi Seesternchens Grotte.

25

DER KLEINE DELFIN

Eines Morgens schrubbt eine Horde Putzerfische die Wände von Sissi Seesternchens Grotte, die Korallenbäumchen, den Baldachin und ihren Sitzstein ab. Aber nicht nur den, nein, auch Sissis Fischschwanz, der ins Wasser hängt.

Die kleine Nixe lacht: „He, hört auf, das kitzelt so!"

„Halt still!", befiehlt der größte Putzerfisch. „Alles, auch du, muss immer blitzblank sein." Er selbst und die anderen Putzerfische sehen unheimlich sauber aus: blütenweiß am ganzen Leib mit einem hübschen schwarzen Streifen vom Mäulchen bis zum Schwanz.

Siggi Seeteufel gräbt sich aus seinem Sandbett und gähnt. Siggi Seeteufel ist Sissis neuer Hausgenosse. Er darf bei ihr wohnen und passt auf die Grotte auf, wenn sie mal wegschwimmen will.

„Guten Morgen, Siggi", sagt Sissi Seesternchen. „Hast du gut geschlafen?"

„Ja", sagt Siggi Seeteufel. „Aber schlecht geträumt, uuh!" Er will Sissi gerade seinen Traum erzählen, da zieht draußen auf dem Meer ein Schiff vorbei.

„Das muss ich mir mal anschauen", sagt Sissi Seesternchen.

„Bleib lieber da, Sissi!", sagt Siggi. „Ich hab so ein komisches Gefühl."

„Das kommt doch nur von deinem Traum", lächelt die kleine Nixe.

„Kann schon sein", meint der kleine Seeteufel. „Ich hab aber trotzdem Angst um dich."

Doch Sissi Seesternchen ist neugierig. Sie will unbedingt zum Schiff. „Pass gut auf die Grotte auf, Siggi!", sagt sie.

„Mach ich", seufzt Siggi Seeteufel. „Und du passt auf dich auf, ja?"

„Na, klar", ruft Sissi und schwimmt fort. Als sie fast bei dem Schiff angelangt ist, gerät sie in einen riesigen Schwarm silberfarbener Fische mit blauschwarzen Rücken. Sie drehen sich schnell im Kreis herum. „Das ist lustig", lacht Sissi Seesternchen und dreht sich mit ihnen wie in einem Karussell. Aber die Fische sind nicht lustig, sie sind verzweifelt und rufen: „Wir sind gefangen!"

„Wieso?", wundert sich Sissi. „Ihr seid doch frei."

„Nein", stöhnt der Schwarm. „Wir sind im Netz, und du jetzt auch."

„Unsinn!", meint die kleine Nixe. „Wo ist denn hier ein Netz? Ich sehe keines."

„Das Netz ist unsichtbar", ruft eine helle Stimme. Sie gehört einem kleinen Delfin, der auch gefangen ist.

„Hallo, kleiner Delfin!", sagt Sissi Seesternchen. „Ist das wirklich wahr?" Sie schwimmt an den Rand des Fischkarussells und prallt zurück. Ja, jetzt spürt auch sie das Netz. Sie greift mit den Fingern in die festen Maschen.

„Das Netz zieht sich zusammen!", ruft der kleine Delfin verzweifelt. „Merkst du es? Gleich ist es aus mit uns."

„Aus und vorbei!" Der Fischschwarm dreht sich panisch und peitscht das Wasser.

„Das darf doch nicht wahr sein", ruft Sissi Seesternchen. Die Angst der Fische hat sie total angesteckt. Die kleine Nixe kann nicht mehr denken, sie kann nur noch laut und verzweifelt um Hilfe schreien.

„Wir kommen ja schon", ruft Kribbe.

„Wir sind schon da", sagt Krabbe.

„Gott sei Dank", stöhnt Sissi erleichtert. Kribbe und Krabbe sind die besten Unterwasserkumpel und Sissi Seesternchens Freunde. „Siggi Seeteufel hat uns gesagt, dass du allein zum Fangschiff geschwommen bist", sagt Kribbe.

„Sehr leichtsinnig", schimpft Krabbe.

„Unverantwortlich", ereifert sich Kribbe.

„Hört auf!", ruft Sissi Seesternchen. „Schneidet lieber ein Loch ins Netz, aber schnell!"

„Verflixt!", sagt Kribbe.

„Die Maschen sind zu stark für unsere Scheren", knirscht Krabbe.

27

Plötzlich werden alle nach oben gehoben. Der Fischschwarm, Sissi Seesternchen und der kleine Delfin, alle werden wie in einem riesigen Einkaufsnetz eng aneinander gequetscht und aus dem Wasser in die Luft gezogen.

Kribbe und Krabbe hängen unten am Netz und kneifen mit letzter Kraft zu.

Da, die erste Masche reißt, eine zweite und aus dem Loch, das schnell größer wird, purzeln Sissi Seesternchen und der kleine Delfin heraus und plumpsen ins Wasser. Dann prasseln die Fische auf ihre Köpfe.

„Juhu!", jubelt Sissi. „Wir sind wieder frei!"

Kribbe und Krabbe zappeln zwischen den Fischen herum.

„Ihr habt mir das Leben gerettet", sagt der kleine Delfin zu Kribbe und Krabbe. „Danke!"

„Uns auch", sagen die Fische. „Vielen herzlichen Dank!" Und dann flitzt der ganze Schwarm blitzschnell wie blauschwarzes Quecksilber davon.

„Wir sollten auch machen, dass wir fortkommen", meint Kribbe.

„Stimmt", sagt Krabbe. „Das Fangschiff wird gleich ein neues Netz auswerfen."

Schnell schwimmen sie zu Sissi Seesternchens Grotte und der kleine Delfin kommt einfach mit.

Siggi Seeteufel ist überglücklich, dass Sissi Seesternchen wieder heil und gesund zurückgekommen ist. „Und der da?", fragt er und glotzt den kleinen Delfin an. „Soll der jetzt auch bei uns wohnen?"

„Nein, nein", sagt der kleine Delfin schnell. „Ich habe eine eigene Familie."

„Und wie kommt es …", sagt Kribbe, „… dass du nicht bei deinen Leuten bist?", fragt Krabbe.

„Weil ich heute die Schule geschwänzt habe", sagt der kleine Delfin und lässt den Kopf hängen.

„Schule?", fragt Sissi Seesternchen erstaunt. „Delfine gehen in die Schule?"

Der kleine Delfin nickt. „Ja, jeden Morgen um acht. Aber ich gehe nicht gerne hin. Immer sagen die anderen zu mir: ‚Schwimm schneller, Dolfi, mach schon! Du bist so langsam wie ein Plattfisch.'"

„Plattfische sind nicht langsam!", ruft Siggi Seeteufel, der selber einer ist.

„Genau!", sagt Dolfi erleichtert. „Und gestern haben sie gesagt, ich soll nicht immer aus der Reihe springen. Aber heute kam das Allergemeinste. Stellt euch vor, sie haben gesagt ich sei fett. Das stimmt doch gar nicht."

Aber der kleine Delfin hat ein dickes Bäuchlein.

Siggi Seeteufel, Kribbe und Krabbe halten sich die Flossen und Scheren vor den Mund, damit der arme Dolfi nicht sehen kann, wie sie grinsen müssen.

„Heute früh habe ich es satt gehabt", erzählt der kleine Delfin weiter. „Ich bin nicht in die Schule gegangen, sondern dem Makrelen-Schwarm nachgeschwommen. Makrelen sind nämlich meine Lieblingsfische."

„Ach, so ist das!", sagt Sissi Seesternchen.

„Faul und verfressen", kichern Kribbe und Krabbe.

In diesem Moment ruft jemand draußen vor der Grotte: „Dolfi! Dolfi, wo bist du?"

„Mama!", schreit der kleine Delfin.

„Mama, hier bin ich", und schwimmt hinaus.

Sissi Seesternchen, Kribbe und Krabbe und Siggi Seeteufel folgen ihm.

Sie sehen viele Delfine, große und kleine, Mama, Papa, Schwestern, Brüder, Tanten und Onkel. Alle scharen sich um den kleinen Dolfi.

„Wir haben uns solche Sorgen um dich gemacht", seufzt Mama Delfin.

Sie nehmen ihren Jüngsten liebevoll in die Mitte und machen sich auf den Heimweg.

Sissi Seesternchen winkt: „Wiedersehen, Dolfi! Und besuch mich doch mal."

Dolfi dreht sich um und lacht: „Ja, gleich morgen, nach der Schule."

EINE FREUNDIN
FÜR SISSI SEESTERNCHEN

Sissi Seesternchen ist krank. Sie liegt unter dem Korallenfächer-Baldachin in ihrem Wasserbett. Nichts macht ihr Spaß. Gerade ist der Doktorfisch gekommen und fragt besorgt: „Was fehlt dir denn?"
„Ich weiß es nicht", sagt die kleine Nixe schwach.
„Was soll ihr schon fehlen?", fragt Kribbe.
„Sie hat doch alles", meint Krabbe.
„Uns", nickt Kribbe. „Ihre beiden besten Freunde."
„Und mich", sagt Siggi Seeteufel, der kleine Plattfisch. „Ich passe auf alles auf, was Sissi Seesternchen gehört. Sie hat eine Muschel-sammlung, viele Korallen und eine hübsche Grotte. Ihr kann doch gar nichts fehlen."
Der Doktorfisch runzelt die Stirn. Er schaut sehr sanft und klug aus. „Ich werde ihr einen Aus-Flug verschreiben", sagt er nach einer Weile. „Das wird ihr gut tun."
„Aber Sissi kann doch nicht fliegen", ruft Kribbe.
„Sie ist eine Nixe", sagt Krabbe.
„Und hat keine Flügel!", schreit Siggi.
„Immer mit der Ruhe", murmelt der Doktorfisch. „Ich werde Peter Pelikan schicken." Dann schwimmt er fort, und es dauert nicht lange, da hört man lautes Flügelflattern und Landegeräusche.
„Wo ist die Patientin?", fragt Peter Pelikan.
„Ich komme schon", sagt Sissi Seesternchen.
Kribbe und Krabbe helfen ihr beim Einsteigen. In der Schnabeltasche des Pelikans ist genügend Platz.
„Gute Besserung!", ruft Siggi Seeteufel und winkt zum Abschied heftig mit der Angel.
„Wohin fliegen wir?", fragt Sissi Seesternchen.

Aber sie bekommt keine Antwort,
denn ein Pelikan mit einer Nixe im
Schnabel kann einfach nicht reden.
Zuerst wird Sissi Seesternchens Koralleninsel immer kleiner, bis sie ganz verschwindet. Unten ist nur noch das Meer,
von einem Ende des Himmels bis zum
anderen. Mit viel frischer Luft dazwischen.
Sissi Seesternchen atmet tief durch.
Dann taucht in der Ferne eine Bergspitze
auf, die wie eine Insel aus dem Wasser ragt.
Darauf steuert Peter Pelikan zu. Die Insel
wird immer größer, und der Berg immer
mächtiger. Seine grünen Hänge sind steil.
In den Bäumen nisten Nebelwolken. Bald
sind die beiden ganz oben. Auf der Kuppe
des hohen Berges blinkt ein kleiner See
wie ein blaues Auge.

„Ein Teich!", ruft Sissi Seesternchen
begeistert. „Fast wie zu Hause."
Peter Pelikan landet. Sissi gleitet aus seiner
Schnabeltasche ins Wasser. Es ist süß und
kühl. „Oh, das tut gut!", seufzt die kleine
Nixe erleichtert.
„Gute Besserung!", wünscht der Pelikan.
„Ich werde dich dann in drei Tagen wieder
abholen."
„Ja, fein", sagt Sissi Seesternchen und
schwimmt in weiten Zügen durch den
Teich.
„Schön, dass du da bist", sagt plötzlich eine
andere kleine Nixe. „Jetzt bin ich nicht
mehr so allein."
Sissi Seesternchen bleibt vor Erstaunen der
Mund offen stehen. „Bist du eine Bergsee-
Nixe?", fragt sie dann.

„Nein", lacht die andere Nixe. Sie hat lange schwarze Haare und eine Perlenkette um den Hals. „Ich bin im Meer zu Hause und heiße Melanie Meerschaum."

„Wie kommst du dann hierher?", fragt Sissi verwundert.

„Genau wie du", antwortet Melanie Meerschaum. „Mit Peter Pelikan."

„Bist du auch zur Erholung da?", fragt Sissi neugierig.

„Nein", seufzt Melanie. „Zur Strafe. Ich habe nämlich Neptun, den Herrscher der Sieben Meere, einmal zu oft geärgert." Dann lacht sie fröhlich.

Melanies Lachen ist ansteckend, Sissi muss auch lachen. „Erzähl!", kichert sie.

„Also", fängt Melanie Meerschaum an. „Unten in Neptuns Muschelpalast ist nie was los. Da sitzen nur die Meerfrauen rum und kämmen ihre langen Haare und die Meermänner blasen leise in ihre Muschelhörner."

„Das muss schön klingen", meint Sissi.

„Nein", sagt Melanie. „Es ist voll öde und langweilt nur. Damit es mal spannend wird, habe ich einmal alle Kämme und Bürsten versteckt", kichert Melanie. „Die Meerfrauen haben sich aufgeregt und laut gejammert. Davon ist Neptun wach geworden. Meistens schläft er, weißt du. Und er ist furchtbar dick und wird ganz schnell zornig. Die Wellen sind hoch gegangen, so hat er getobt. Es hat riesige Überschwemmungen gegeben." Melanie seufzt und spielt mit ihrer Kette.

„Erzähl weiter!", sagt Sissi Seesternchen.

„Damals hat mich Neptun nicht erwischt", sagt Melanie. „Aber beim nächsten Mal. Da habe ich ihm sein Zepter, den Dreizack, versteckt. Ohne seinen Dreizack fühlt sich Neptun nicht wie der Herrscher der Sieben Meere", erklärt Melanie. „Da ist er voll ausgerastet und wollte mich eine Zeit lang nicht mehr sehen. Deshalb hat er mich auf diese Insel verbannt, in diesen langweiligen kleinen See. Aber der Alten vom Grunde sei Dank, jetzt bist du da."

„Ja, das bin ich", nickt Sissi Seesternchen. „Aber ich finde diesen See wundervoll. Er ist fast wie der Teich, aus dem ich komme." Und dann erzählt sie Melanie Meerschaum von ihrem Teich und der Reise durch Bach, Fluss und Strom bis zum Meer, von ihren Freunden, und was sie schon alles erlebt hat. Melanie Meerschaum ist beeindruckt. „He, willst du meine Freundin sein?", fragt sie.

„Ja", nickt Sissi Seesternchen begeistert. „Ich glaube, das ist genau das, was mir gefehlt hat: eine Freundin. Jemand so wie ich und doch ein bisschen anders."

„Mir hast du auch gefehlt", seufzt Melanie Meerschaum. „Es ist ja ganz schön hier mit den Feuersalamandern, den Kröten, Fröschen, Fischen und Kaulquappen und sogar mit der Alten vom Grunde. Aber eine Freundin, die gleich alt ist und auch eine Nixe, das ist einsame Spitze."

„Wer ist die Alte vom Grunde?", will Sissi Seesternchen wissen, aber da flitzt ein Schwarm Kaulquappen mit schwarzen Schwänzchen an ihnen vorbei.

„Sind die lieb", ruft Sissi Seesternchen.

„Komm, Melanie, wir wollen mit ihnen spielen!"

Die Kaulquappen schießen um eine Unterwasser-Felsenecke und sind plötzlich verschwunden.

„Wo sind sie hin?", fragt Sissi verblüfft.

Melanie lacht und sagt: „Sie haben sich bei der Alten vom Grunde versteckt."

Jetzt erst entdeckt Sissi die Gestalt einer großen, alten Frau, die sie freundlich anschaut. Sie trägt ein grünes Gewand, das mit Unterwasserblüten und -blättern bestickt ist. In den Falten wuseln die kleinen Kaulquappen. Durch das weiße, fließende Haar der Alten vom Grunde schwimmen winzige Bergsee-Fischchen mit roten Flossen.

„Willkommen, Sissi Seesternchen!", sagt die alte Frau. „Wie geht es dir?"

„Ganz gut", sagt Sissi.

„Bist du nicht müde?", fragt die Alte.

„Doch, ein bisschen", gibt Sissi zu.

„Ich auch", gähnt Melanie.

„Na, dann kommt her", lächelt die Alte vom Grunde. Sie breitet die Arme aus und Sissi Seesternchen und Melanie Meerschaum kuscheln sich hinein. Sie bekommen noch eine Unterwasser-Gutenachtgeschichte erzählt und dann schlafen sie selig ein. Und am anderen Tag ist Sissi Seesternchen wieder ganz gesund.

DER SCHATZ IM WRACK

„Besuch mich mal!", hatte Melanie Meerschaum gesagt. Sie ist Sissi Seesternchens neue Nixenfreundin und wohnt im Unterwasserpalast von Neptun, dem Herrscher der Sieben Meere.

„Es ist ganz einfach", erklärte Melanie. „Zuerst schwimmst du in Richtung Küste, dann an dem Felsen mit den Seeigeln vorbei. Dann kommt ein Riff, in dem ein alter Zackenbarsch wohnt. Der bringt dich dann zu mir."

„Gut", sagte Sissi. „Bis bald, Melanie!"

Ein paar Tage später macht sich Sissi Seesternchen auf den Weg. Zuerst schwimmt sie in Richtung Küste. Da türmt sich hinter ihr eine dunkle Wolkenwand auf. Die Wellen steigen und werden immer höher.

Ein Sausen und Pfeifen erfüllt die Luft.

Aus den Wolken senkt sich eine Luftsäule aufs Wasser und saugt es hoch.

„Eine Wasserhose", ruft Sissi entsetzt.

Die Wasserhose kommt näher, packt die kleine Nixe und wirbelt mit ihr davon.

„Halt, nicht so schnell!", schreit Sissi Seesternchen. „Mir wird schwindelig."

Aber die Wasserhose kümmert sich nicht darum. Sie lässt die kleine Nixe erst wieder los, als sie weit weg ist, in einem anderen Teil des Meeres.

Alles dreht sich, der Himmel, das Meer und das Schiff.

„Ein Schiff?", denkt Sissi Seesternchen.

„Schiffe sind gefährlich. Sie fangen einen mit Netzen." Deshalb versteckt sie sich ein paar Wellen weiter weg und beobachtet das Schiff.

Gerade springt ein Mann von Deck. Er ist ein Taucher und trägt einen schwarzen Gummianzug, Schwimmflossen und eine Sauerstoffflasche.

So etwas hat Sissi Seesternchen noch nie gesehen. Neugierig folgt sie dem Taucher in die Tiefe, immer den vielen Luftbläschen hinterher.

Unten am Meeresgrund liegt ein altes Schiff aus Holz, ein Wrack, das von Algenmoos überwachsen schräg daliegt.

Jetzt schlüpft der Taucher durch ein Loch in den Schiffsbauch und ist verschwunden. Sissi will gerade hinterher, da entdeckt sie oben in den Masten einen großen, gefährlichen Schatten. „Ein Hai", flüstert sie entsetzt und versteckt sich blitzschnell in der Kajüte.

Es ist Tim Tigerhai, der gefährlichste Fresssack der südlichen Meere. Er schwimmt zur Kajüte und hält direkt neben dem Fenster, hinter dem Sissi Seesternchen kauert.

„Den Taucher schnapp ich mir", knurrt Tim Tigerhai. „Taucher sind lecker."

„Ich muss den Mann warnen", denkt Sissi Seesternchen. Sie entdeckt hinter sich eine Treppe, die ins Schiff hinunterführt. Im Schiffsbauch ist es stockfinster, nur in einer

Ecke zittert ein Lichtstrahl, der aus der Taschenlampe des Tauchers kommt.

„Der sucht etwas", überlegt Sissi. Vorsichtig schwimmt sie näher und sieht im Strahl der Taschenlampe eine alte Kiste.

Der Taucher hebt gerade den Deckel an. Es knirscht und quietscht.

Sissi Seesternchen sieht milchweiße Perlen schimmern, Rubine und Smaragde funkeln, Gold- und Silbermünzen glänzen. „Oh", haucht sie. „Ein Schatz!" Fast hätte sie Tim Tigerhai vergessen, aber dann fällt er ihr wieder ein. Sie ruft dem Taucher zu: „Pass auf, ein Hai will dich schnappen!"

Der Taucher traut seinen Augen nicht. Ungläubig schüttelt er den Kopf. „Nixen gibt's doch gar nicht", denkt er.

Tim Tigerhai ist inzwischen ungeduldig geworden. Er hat beschlossen, nachzusehen, was los ist. Er steckt seine Nase in die Kajüte und schwimmt ebenfalls die Treppe hinunter.

Sissi Seesternchen entdeckt ihn als Erste. „Da", ruft sie. „Da kommt der Hai!"

Plötzlich tastet sich ein langer Arm mit Saugnäpfen hinter der Schatzkiste hervor und greift nach der kleinen Nixe.

„He, was soll denn das?", ruft Sissi Seesternchen erschrocken. „Loslassen!" Aber ein zweiter Arm legt sich um ihren Leib und ein dritter hält ihr sanft den Mund zu und zieht sie weg.

„Ich bin Kurt Krake", hört Sissi eine freundliche Stimme flüstern. „Ich tu dir nichts. Aber hier wird es bald zu gefährlich für dich."

Kurt Krake hat Recht, denn jetzt entbrennt ein Kampf zwischen Taucher und Tigerhai. Als Erstes beißt Tim dem Taucher eine Schwimmflosse ab.

„Schmeckt blöd", knurrt er und schluckt sie, ohne zu kauen. Dann will er einen Happen weiter oben, aber der Taucher hat sich umgedreht, und Tim Tigerhais Zähne schlagen in die Sauerstoffflasche.

„Autsch!", brüllt Tim. „Das tut ja weh!"

Jetzt zieht der Taucher einen Stab aus seinem Gürtel und berührt damit den Hai. Tim hat keine Zeit für einen weiteren Happen. Gelähmt sinkt er neben der Schatzkiste nieder.

Der Taucher steckt seine Waffe wieder in den Gürtel und will die Schatzkiste forttragen.

Aber da ist Kurt Krake dagegen.
„Ich bin der Wächter des Schatzes", sagt er
und erhebt sich zu seiner vollen Größe.
In einem seiner acht Arme hält er immer
noch Sissi Seesternchen fest.
Der Taucher fürchtet um seinen Verstand,
denn jetzt schwimmt auch noch eine zweite
kleine Nixe herbei, eine mit schwarzen
Haaren und einer Perlenkette um den Hals.
„Melanie!", ruft Sissi Seesternchen. „Wie
hast du mich bloß gefunden?"
„Neptun hat sich umgehört", lacht Melanie
Meerschaum und deutet auf einen dicken
Nixerich mit Dreizack, der sich mühsam
durch das Loch in der Schiffswand zwängt.
„Er hat die Wasserhose erwischt und
ordentlich ausgeklopft. Da hat sie zugege-
ben, dass sie dich in die Nähe des Wracks
entführt hat."
„Hallo, Sissi Seesternchen!", begrüßt
Neptun die kleine Nixe. Und zu Kurt Krake
sagt er: „Du darfst sie wieder loslassen.
Jetzt bin ich da und werde für Ordnung
sorgen."
„Und ich bin vollkommen plemplem",
denkt der Taucher. Da geht ihm die Luft
aus. Die letzten Sauerstoffbläschen trudeln
aus seiner Maske.
Tim Tigerhai ist inzwischen wieder wach.
Er hat eine furchtbare Wut im Bauch und
will den Taucher beißen.
„Nein", donnert Neptun. „Lass den
Mann in Ruhe!" Er droht Tim Tigerhai
mit seinem Dreizack.
„Geht in Ordnung, Chef. Ich hau ab",
knurrt Tim Tigerhai. Er hat für heute

genug von Stäben aller Art, ob sie lähmen,
wie der vom Taucher, oder aufspießen wie
Neptuns Dreizack.
Der Herrscher der Sieben Meere kümmert
sich persönlich um den Taucher. Er trägt
ihn schnell nach oben zu seinem Schiff und
legt ihn auf einer Welle ab. Die Besatzung
zieht den Taucher aus dem Wasser. Der
Mann wird wiederbelebt und erzählt was
von Nixen, Haien und Monsterkraken.
Aber niemand glaubt ihm.
„Typischer Fall von Tiefenrausch", sagt
einer vom Schiff und bringt den Taucher
ins Bett.
Sissi Seesternchen und Melanie Meer-
schaum spielen noch ein bisschen mit dem
Schatz. Kurt Krake sieht gerührt zu.
„Ihr dürft euch was aussuchen", sagt er.
„Zur Erinnerung."
Melanie nimmt sich einen Rubinring,
und Sissi Seesternchen sucht sich eine
Kette mit mondweißen Perlen.
„Danke, Kurti!",
sagt sie und umarmt
den Kraken zum
Abschied mit zwei
Armen. Mehr hat
sie nicht.

JONAS IM WAL
UND EINE TIEFSEEHEXE

Sissi Seesternchen ist heute wieder unterwegs in der großen Meereswelt. Schon von weitem hört sie ein seltsames Singen. Die Töne sind schön und traurig zugleich. Zwischendrin gurgelt, quietscht und rülpst es. Die kleine Nixe hebt ihren Kopf über die Wellen und erschrickt: Ein großer, schwarzer Berg schwimmt direkt auf sie zu.

„Nichts wie weg!", denkt Sissi. Aber da taucht der Berg unter. Als Letztes sieht sie eine riesige Schwanzflosse verschwinden. „Das ist ja ein Riesenfisch!", ruft sie. „Ich bin Victor Wal", sagt der Riese „Du brauchst keine Angst vor mir zu haben." Er ist direkt neben Sissi Seesternchen wieder aufgetaucht. Sein Maul ist breit und läuft um den ganzen Kopf

herum. Ein Vorhang aus Fransen hängt davor. Plötzlich stöhnt Victor Wal ganz furchtbar.

„Was hast du?", fragt Sissi Seesternchen.

„Ich hab grauenhaftes Bauchgrimmen", antwortet Victor. Oben aus seinem Atemloch steigt Rauch auf. „Jetzt kocht er wieder", hustet der Wal.

„Wer kocht?", fragt Sissi Seesternchen fassungslos.

„Na, Jonas", sagt Victor Wal. „In meinem Bauch wohnt Jonas, der Matrose. Ich hab ihn mal aus Versehen verschluckt, und jetzt will er nicht mehr raus. Könntest du ihn nicht dazu überreden?"

„Ich?", sagt Sissi. „Ich soll Jonas kündigen?"

„Bitte, probier es wenigstens", stöhnt Victor. „Oh, mir ist ja so übel!"

„Na gut", sagt Sissi. „Wenn ich dir damit helfen kann."

Der Wal sperrt sein Maul auf, damit Sissi Seesternchen hineinschwimmen kann. Dann rutscht sie in eine weite Halle mit hohen Rippenbögen.

„Wer kommt denn da?", sagt jemand.

„Bist du Jonas?", fragt Sissi Seesternchen.

„Der bin ich", sagt Jonas. Er schüttelt Sissi Seesternchen die Hand.

„Sonst schwimmt hier immer nur Plankton und Krill rein. Das langweilt auf die Dauer."

Sissi schaut sich um. In einer Nische stehen ein Tisch, daneben ein Bullerofen, auf dem gerade ein Topf Suppe kocht.

„Richtig gemütlich", sagt Sissi Seesternchen. „Und dort ist sogar ein Bett."

„Ja", sagt Jonas stolz. „Das hab ich selbst gebaut. Aus Treibholz und so. – He, die Suppe ist fertig. Magst du einen Teller mit-essen?"

„Nein, danke", sagt Sissi. „Ich muss dir leider sagen, dass Victor Wal dich raus-haben will. Du tust ihm weh."

„Ich will nicht raus!", ruft Jonas. „Ich habe nirgends einen Platz auf der Welt. Und hier ist es warm und gemütlich. Wo soll ich denn sonst hin?", jammert er.

Sissi Seesternchen überlegt. „Du kannst gerne auf meiner Insel leben", sagt sie.

„Gibt es auf deiner Insel auch genug zu essen und zu trinken?", fragt Jonas.

Sissi nickt. „Obendrauf wachsen zwei Kokosnuss-Palmen."

„Kokosmilch!" Jonas leckt sich die Lippen. Plötzlich wackelt alles. Es gibt einen Ruck und noch einen wie bei einem Erdbeben, aber es ist ein Walbeben.

„Victor würgt uns raus!", ruft Jonas entsetzt.
Mit einem riesigem Schwall Meerwasser
spült der Wal alles nach oben: Sissi Seesternchen,
den Matrosen und alle seine Möbel.
Die kleine Nixe lacht und ist froh, wieder
draußen zu sein, aber Jonas strampelt
verzweifelt. „Hilfe!", schreit er. „Ich
ertrinke, ich kann doch gar nicht
schwimmen."
Sissi Seesternchen zieht ihn schnell
zu seinem Bett, das wie ein Floß
in den Wellen schaukelt.
Victor Wal sagt erleichtert: „Jetzt
ist mir wieder wohl", und spuckt auch
noch den Bullerofen aus. Der zischt
fürchterlich, bevor er untergeht.
„Danke, kleine Nixe", grinst Victor Wal.
„Du hast mir sehr geholfen." Er prustet den Ofen-
ruß durchs Atemloch hinaus. Dann taucht er fröhlich
unter und verschwindet in den Weiten des Ozeans.
Jonas reibt sich die Augen und blinzelt. Er muss
sich erst ans helle Tageslicht gewöhnen. Was blinkt
denn da am Hals der kleinen Nixe?
„He", ruft er. „Das ist ja eine kostbare Perlenkette."
Sissi Seesternchen hat sie von Kurt Krake geschenkt
bekommen.
„Wie viele Perlen sind es denn?", fragt Jonas
neugierig.
„Zähl doch mal!", sagt Sissi und gibt ihm die Kette.
Aber Jonas ist schrecklich ungeschickt mit seinen
großen Matrosenhänden. Plötzlich reißt die Schnur
und die Perlen kullern ins Wasser und gehen unter.
Genauso wie der Bullerofen, den Victor Wal ausge-
spuckt hatte.
Der Bullerofen ist schon ganz tief gesunken.
Gerade rollt er ein Unterwassergebirge hinab und fällt

in eine Unterwasserschlucht. Dort wohnt die furchtbare Tiefseehexe Tia-Mia mit ihrem kleinen Katzenhai.

„Mein süßer Schnuckiputzi!", flötet sie.

„Achtung!", maunzt der Katzenhai. Aber es ist zu spät. Der Bullerofen rummst auf die Hexe und zerquetscht ihre schöne Kronenquallen-Mütze.

„Tausend Tiefseeteufel!", brüllt Tia-Mia und gibt dem Ofen einen Fußtritt.

„Autsch!" Sie springt zornig zwischen den Vulkankegeln hin und her, die ringsherum wie Schlote aus dem Boden wachsen. Sie zischen und fauchen.

Tia-Mia packt den Bullerofen und stülpt ihn über einen kleinen Vulkan. Gleich wird die Ofenplatte glühend heiß.

„Praktisch!", lacht Tia-Mia und setzt ihren Zauberkessel darauf. Dann bröselt sie faule Fischgräten hinein, ein paar Fadenwürmer und drei Leuchtfisch-Schuppen.

„Das wird ein feiner Zaubertrank", murmelt die Hexe. „Was meinst du, Schnuckiputzi?"

Aber der kleine Katzenhai hört nicht zu. Er spielt gerade mit einer Perle.

„He, wo hast du denn die her?", ruft Tia-Mia aufgeregt. „Gib sie mir sofort!"

Tia-Mia ist verrückt nach weißen Perlen. Unten in der Tiefsee gibt es nur kohlrabenschwarze. Aber auch der kleine Katzenhai mag Perlen. Kurz bevor die Tiefseehexe ihm die Perle wegnehmen kann, verschluckt er sie einfach.

Da trudelt noch eine Perle herunter. Tia-Mia fängt sie. „Da kommen noch mehr",

sagt sie verwundert. Kleine, mondweiße Perlen rieseln wie Schneeflocken herab. Es sind die Perlen aus Sissi Seesternchens Halskette.

Sissi ist inzwischen von Jonas' Bettfloß gesprungen und taucht ihren Perlen hinterher. Es wird immer dunkler und unheimlicher, je tiefer sie kommt. Die kleine Nixe sieht Schlangenfische mit zähnestarrenden Mäulern und haarige Riesenspinnen.

Gerade will sie umkehren, da leuchtet in der Ferne ein heller Punkt. Sissi schwimmt darauf zu. Es ist die Laterne eines kleinen, freundlichen Leuchtfischchens.

„Was tut denn eine Nixe hier unten?", fragt das Fischchen verwundert.

„Ich suche meine Perlen", antwortet Sissi Seesternchen.

„Deine Perlen sind alle zu Tia-Mia hinuntergefallen", sagt das Leuchtfischchen. „Die kannst du vergessen."

„Tia-Mia?", fragt Sissi. „Wer ist das?"

„Das bin ich", zischt eine Stimme. „Ich, die mächtige Tiefseehexe Tia-Mia. Was willst du in meinem Reich?"

Das Leuchtfischchen löscht sofort seine Laterne und schwimmt blitzschnell fort.

Sissi sagt: „Ich suche meine Perlen. Hast du sie vielleicht gefunden?"

Tia-Mia lacht hämisch: „Ja, und sie gehören alle mir. Und du, du gehörst mir jetzt auch."

„Nein!", ruft Sissi. „Ich will nicht hier unten bleiben. Es stinkt."

Die Dämpfe aus den kleinen Vulkanen riechen wie faule Eier.

Aber Tia-Mia murmelt bereits einen Zauberspruch: „Drachenfisch und Urgestein, du sollst immer bei mir sein!" Der Spruch legt sich wie ein Bann auf die kleine Nixe. Willenlos tut sie alles, was die Tiefseehexe von ihr verlangt. Sie schrubbt den Kessel, putzt den Bullerofen, füttert den Katzenhai, obwohl er nach ihr schnappt, und kehrt den Dreck zwischen den Vulkanen zusammen. Sie muss sogar ihre eigenen Perlen neu auffädeln, damit Tia-Mia die Kette um ihren schwarzen Hals hängen kann.

Aber die Tiefseehexe ist immer noch nicht zufrieden. „Ich will mehr", krächzt sie gierig. „Wo hast du diese Perlen her?"

„Oben auf dem Floß", flunkert Sissi. „Da sind noch viel mehr, da ist ein ganzer Schatz."

„Zeig ihn mir!", befiehlt Tia-Mia. Sie packt die kleine Nixe bei der Hand und schwimmt mit ihr nach oben, vorbei an den Tiefseeschlangen und Riesenspinnen, hinaus aus der Schlucht und das Tiefseegebirge hinauf. Es wird immer heller. Sissi atmet auf. Sie fühlt sich wieder frei und zieht ihre Hand aus dem Griff der Tiefseehexe, und die hat gar nichts dagegen. Etwas Seltsames ist mit Tia-Mia passiert: Sie hat sich auf dem Weg nach oben verwandelt. Als sie aus dem Wasser taucht, ist sie eine Meerfrau mit goldenen Haaren und einem schneeweißen Hals geworden. Sogar ihr schwarzes Herz ist hell und licht.

Jonas beugt sich erstaunt aus dem Bett und sagt: „Hallo, du Wunderschöne!" Tia-Mia blickt Jonas ins Gesicht. „Ich glaube, du bist mein wahrer Schatz", sagt sie. „Ich brauche keine Perlen mehr."

Jonas sagt: „Ich bin ja so glücklich", und hilft Tia-Mia auf sein Floß. „Willst du bei mir bleiben?"

Die Meerfrau nickt, gibt Jonas einen Kuss und Sissi Seesternchen ihre Perlenkette zurück. „Danke, dass du mich erlöst hast, kleine Nixe", lächelt sie.

SISSI SEESTERNCHEN
WÜNSCHT SICH WAS

Heute hat die kleine Nixe Geburtstag.
Alle kommen und bringen Geschenke.
Kribbe und Krabbe, die beiden Unter-
wasserkumpel, haben Sissi Seesternchen
eine Herzmuschel mitgebracht.
„Damit du weißt …", sagt Kribbe,
„… dass wir dich lieben", grinst Krabbe
und bekommt einen roten Kopf.
Sissi Seesternchen umarmt sie. „Danke!
Ich liebe euch auch."
Siggi Seeteufel, der kleine Plattfisch, der
Sissis Grotte bewacht, legt die Herzmuschel

aufs Regal und schiebt sie heimlich hinter
die anderen Muscheln, die zu Sissis Samm-
lung gehören. Dann sagt er ihr: „Ich will
dir meine Angel zum Geburtstag schenken."
Sissi Seesternchen ist gerührt.
„Aber die ist doch an dir fest angewachsen",
ruft Kribbe.
„Soll ich sie abzwicken?", lacht Krabbe.
„Nein!", ruft Sissi erschrocken.
„Dann musst du mich eben im Ganzen
nehmen, Sissi Seesternchen", sagt Siggi
und grinst.

„So ein liebes Geschenk", lacht Sissi und nimmt Siggi Seeteufel in die Arme.

Sogar Tante Einsiedelkrebs ist gekommen. Sie hat sich mitsamt ihrem schweren Muschelhaus hergeschleppt und Algenkuchen und Tangkekse mitgebracht. „So ein Gedränge", schimpft sie, als Melanie Meerschaum und Neptun, der Herr der Sieben Meere, zur Grotte hereinschwimmen. Melanie ist Sissis beste Nixenfreundin. Sie hat ihr ein Armband aus winzigen Seesternchen mitgebracht.

„Na, kleine Nixe", dröhnt der dicke Neptun und verschlingt ein Stück Algenkuchen.
„Was wünschst du dir denn noch?"

Sissi Seesternchen seufzt. „Ich trau mich kaum, es zu sagen."

„Na, los", sagt Melanie. „Raus damit!"

„Ich möchte nach Hause", sagt Sissi leise.

„Aber das bist du doch", sagt Kribbe verwundert.

„Hier, bei uns", meint Krabbe.

„Richtisch", nuschelt Siggi Seeteufel. Er mampft gerade einen Tangkeks.

„Aber ich habe solche Sehnsucht nach meinem Seerosenteich", seufzt Sissi Seesternchen.

„Den möchte ich auch sehen", sagt Melanie Meerschaum. „Weißt du was, Sissi, ich werde dich begleiten."

„Aber dann ist Sissi nicht mehr hier!", ruft Kribbe.

„Sondern fort!", schreit Krabbe.

„Das halte ich nicht aus", heult Siggi Seeteufel.

„Ruhe!" donnert Neptun. „Macht doch der kleinen Nixe das Herz nicht so schwer. Es wird am besten sein, ihr schwimmt gleich los."

Sissi und Melanie verabschieden sich. Es gibt viele Tränen.

„Ich komm ja wieder", tröstet Sissi Seesternchen ihre Freunde.

„Bestimmt?", schluchzt Siggi Seeteufel.

„Ganz bestimmt", sagt Sissi.

„Gute Reise und viel Glück!", rufen alle und winken.

Es dauert nicht lange, bis die beiden Nixen an der Küste mit dem feinen Sandstrand sind.

„Und wo ist jetzt der große Strom?", fragt Melanie.

„Dort", sagt Sissi. „Dort, wo das Wasser so erdig ins Meer reinfließt."

„Ganz schön trüb", beschwert sich Melanie. Aber nachdem sie einige Zeit den Strom hinaufgeschwommen sind, ruft sie erstaunt: „Das Wasser ist zuckersüß!"

„Na, na", quakt eine Ente. „Das finde ich übertrieben."

„Ach, du liebes bisschen!", ruft Sissi Seesternchen. „Erich, bist du es?" Sissi Seesternchen hat ihn als kleines Entchen großgezogen.

„Sissi!", quakt Erich und schmiegt seinen Kopf an ihre Wange. „Was tust du denn hier?"

„Ich schwimme zurück", sagt Sissi. „Zusammen mit meiner Freundin Melanie."

„Sind die süß!", quiekt Melanie gerade entzückt und deutet auf sieben gelbbraun gesprenkelte Entenküken.

„Das sind meine Kinder", sagt Erich stolz.
„Unsere Kinder", verbessert ihn Erika, seine Entenfrau.
Plötzlich tutet es. Ein Schlepper fährt den Strom herauf. Hintendran hängt ein kleines Boot.
„Schnell!", quakt Erich. „Hüpft rein, dann müsst ihr euch nicht so plagen."
Das tun Sissi und Melanie, denn sie haben schon gemerkt, dass gegen den Strom schwimmen ziemlich anstrengend ist.
Und so reisen die beiden ganz bequem bis zum Fluss, wo Willi Wassermann wohnt.
Er sitzt am Ufer neben seinem Wasserfall.
„Hohoho!", lacht der Wasserjunge. „Das finde ich aber nett von dir, Sissi Seesternchen, dass du mir eine Freundin mitgebracht hast."
„Nichts da", sagt Sissi. „Das ist meine Melanie und die geht dich gar nichts an."
Willi brummt enttäuscht: „Immer nur mit Otti spielen ist langweilig."

Als Otti, Willi Wassermanns Otter, die beiden Nixenmädchen entdeckt, rutscht er wie ein brauner Blitz in den Fluss und spielt mit ihnen.
Melanie lacht und tollt mit Otti im Strudel des Wasserfalls. Dann taucht sie wieder auf und sagt: „Wie wär's, Sissi, wenn wir die beiden in deinen Seerosenteich mitnehmen? Sie sind doch ganz nett."
„Na gut", meint Sissi Seesternchen.
„Kommt mit! Aber ihr dürft meine Frösche nicht ärgern. Versprochen?"
„Großes Wassermann-Ehrenwort!", sagt Willi und freut sich, dass er mitdarf.

Sissi, Melanie, Willi und Otti schwimmen zusammen weiter und kommen in den breiten Bach, wo der Hecht wohnt. Als der alte Räuber Sissi Seesternchen kommen sieht, versteckt er sich schnell zwischen den Unterwasserpflanzen. Er will nämlich nicht noch mal eins auf die Schnauze kriegen.
Weiter oben treffen sie auf Friederun Forelle.
„Hallo, Sissi Seesternchen!", blubbert Friederun überrascht.
Plötzlich ruft jemand: „Macht Platz, aus dem Weg!" Ein Schwarm Aale schlängelt sich vorbei.
„Was tun denn die hier?", fragt Melanie Meerschaum.
„Sie schwimmen nach Hause", erklärt Friederun Forelle.
„So wie ich", meint Sissi Seesternchen verwundert.
„Genau wie du", nickt Willi Wassermann.
Auch die kleine Bachstelze ist wieder da und wippt wichtigtuerisch mit ihrem Schwänzchen. „Ich fliege schnell zum Teich und melde eure Ankunft", zirpt sie.
Sissi kann es kaum mehr erwarten. Sie schwimmt immer schneller. Jetzt riecht das Wasser schon nach Schilf und Seerosen.
Ist das ein Gequake und Geplätscher!
Fritz und Fanny Frosch sind verrückt vor Freude.
„Dass du nur wieder da bist!", ruft Fritz und springt ihr entgegen.
Fanny landet auf Sissis Kopf. „Du hast uns so gefehlt."
„Lasst mich mal ran!", sagt Karlchen, der

alte Karpfen, und begrüßt Sissi Seesternchen. „Na, hast du die weite Unterwasserwelt gesehen?"

„Ja", lacht Sissi glücklich. „Und ich habe euch neue Freunde mitgebracht. Wir werden viel Spaß miteinander haben."
Karlchen Karpfen erzählt Melanie gleich seine Geschichten vom Angelhaken.
Willi Wassermann freundet sich mit Fritz und Fanny Frosch an. Aber Otti Otter findet die beiden langweilig, deshalb lässt er sie auch in Ruhe.

„Wir werden viel Spaß miteinander haben", hatte Sissi Seesternchen gesagt.
Und das hatten sie. Ein ganzes Jahr lang. Dann bekamen die kleinen Nixen wieder Heimweh nach dem Meer und machten sich auf den Weg.

1 2 3 4   06 05 04 03

© 2003 Ravensburger Buchverlag Otte Maier GmbH
Text: Ingrid Kellner
Illustration: Daniel Napp
Redaktion: Sabine Praml · Birgit Macke
Printed in Germany
ISBN 3-473-33056-6
www.ravensburger.de